새 국어 교과서에 따른
신나는 글쓰기

1학년

글 임융웅 그림 정수영

와이앤엠

머 리 말

  글을 쓴다는 것은 어렵고 힘든 작업입니다. 그것은 누구의 도움을 받는다 해도 결국은 혼자 해야 하는 작업이기 때문입니다. 그러나 글을 쓰는 것이 혼자 하는 작업이기 때문에 문장의 구성과 낱말의 의미, 그리고 글의 표면에 드러나지 않는 뜻까지 볼 수 있는 능력이 만들어 집니다. 또 글쓰기는 정확한 표현과 정직한 마음으로 쓰기를 요구합니다. 그리고 문장의 배열이나 내용을 펼쳐 나가는 데에도 논리적이고 통일된 자세를 요구합니다. 이런 점들은 주제에 따라 글을 펼칠 때 적절한 표현을 하도록 강조하며 주제에서 벗어나지 않고 통일성을 갖도록 요구합니다. 이를테면 사건의 발생 순서로 하든 시간의 진행에 따르든 가까이에서 멀리로 가든, 반대로 멀리서 가까이로 오든 쉬운 단계에서 더 어려운 단계로 나아가든 일정한 방향을 지니도록 요구합니다.

  글쓰기는 또 비판 능력도 갖게 합니다. 이는 무엇이 옳은지 아닌지, 또는 그것이 어떤 문제를 지니고 있는지, 그의 해결 방법은 무엇인지를 생각하도록 합니다. 이런 문제가 글을 쓰는 데 필요한 조건이 되기 때문에 글쓰기가 어렵고 힘든 작업이 됩니다. 그래서 글쓰기는 많은 노력이 필요하며 꾸준하게 닦아야 하는 작업입니다. 따라서 초등 학교 저학년 어린이에게는 더욱 가까이 하기에 멀리 있는 것이 글쓰기입니다. 그렇다고 고학년이 되면 저절로 배워지는 것도 아니므로 저학년부터 차분히 그리고 천천히 해야 하는 학습입니다.

　개편된 초등 국어 교과서(읽기와 쓰기)는 글쓰기 교육이 강화되었습니다. 그리고 앞으로는 대학 입학 사정에서도 책을 읽고 느낀 소감을 적어 그를 사정 자료로 삼으려는 노력이 진행중에 있습니다. 이는 독서와 쓰기가 어린이 의식의 향상과 판단력을 높이는 데 얼마나 중요하게 기여하는 지를 어른들은 모두 알고 있기 때문입니다. 그러면서도 이의 실천이 잘 되지 않았던 것은 이 길이 멀고 힘들어서 도중에 포기하거나 흐지부지 끝냈기 때문입니다. 그러나 우리 아이의 학습을 지름길로 찾아 보내려는 생각이 아니라면 초등 학교에서부터 글쓰기에 대한 노력을 꾸준히 시키는 것이 어린이의 사고를 깊이 있게 만들어 그에게 훌륭한 지혜를 선물하는 길일 것입니다.

　이 책은 글쓰기의 난이도를 가급적 낮추고 글쓰기에 눈을 뜰 수 있게 하는 데에 초점을 맞추었습니다. 때문에 초등 학교 쓰기와 읽기 교과서를 따라 나란히 가면서 쓰기 교과서를 보충하여 쉽게 이해할 수 있도록 했으며 그를 한번 더 익히도록 하는 역할을 더 했습니다. 또 정답 또는 모범답안을 별면에 넣지 않고 본문에 바로 넣고 파란색으로 표시하였습니다. 이는 아직 글짓기가 서투른 저학년 어린이들에게 쉽게 이해하도록 하기 위한 것입니다. 이 책이 마악 시작하는 어린이의 글쓰기에 많은 도움이 되었으면 하는 바람입니다.

차 례

1. 한글 바로 읽기 6
2. 띄어 읽기 12
3. 문장 부호 16
4. 그림 일기 쓰기 26
5. 글 쓰기 전에 40
6. 칭찬하는 글 56
7. 소개하는 글 66

8. 중심 낱말 찾기 80
9. 틀리기 쉬운 낱말 90
10. 일기 쓰기 98
11. 중요한 내용 찾기 112
12. 주장하는 글 쓰기 132

해답 143

새 국어 교과서에 따른
신나는 글쓰기

1학년

1. 한글 바로 읽기

1. 초록색으로 쓴 낱말의 발음에 주의하며 〈꿀벌〉을 소리 내어 읽어 보세요.

꿀 벌

꿀벌은 춤을 잘 춥니다. 그렇다고 아무런 까닭 없이 춤을 추지는 않습니다. 친구들에게 꿀이 있는 곳을 알려 주기 위하여 춤을 춥니다.

꿀이 가까운 곳에 있으면 빙글빙글 돌면서 춤을 춥니다. 또, 꿀이 멀리 있으면 8자 모양을 그립니다. 다른 꿀벌들은 춤의 모양을 보고 꿀이 있는 곳으로 날아가 함께 꿀을 모읍니다.

🐟 다음 낱말을 바르게 소리 내어 읽는 방법을 알아봅시다.

❶ 한 글자씩 읽을 때는 어떻게 읽나요?

❷ 글자를 이어서 읽을 때는 어떻게 읽나요?

❸ 다음 낱말을 이어서 읽을 때는 어떻게 읽나요?

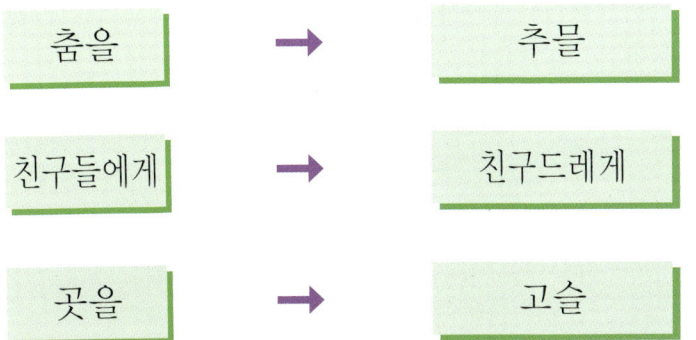

2. **초록색**으로 쓴 낱말에 주의하면서 〈누가 가장 먼저 우주에 갔을까요?〉를 바르게 소리 내어 읽어보세요.

누가 가장 먼저 우주에 갔을까요?

지구에서 누가 가장 먼저 우주에 갔을까요? 여러분은 그 주인공이 누구라고 생각하나요? 지구에서 가장 먼저 우주에 간 주인공은 놀랍게도 사람이 아니라 '라이카'라는 이름의 강아지입니다.

사람들은 우주가 어떤 모양이고, 우주에 무엇이 있는지 궁금해하였습니다. 그래서 우주에 갈 수 있는 여러 가지 방법을 생각하였습니다.

러시아에서는 사람을 보내어 우주를 탐사할 계획을 세웠습니다. 하지만, 막상 우주에 가려고 하니까 겁이 났습니다. 우주에 어떤 위험이 있을지 몰랐기 때문입니다.

그래서 과학자들은 실험용 동물을 보내기로 하였습니다. 그때 선택된 동물이 바로 강아지 라이카입니다. 이렇게 하여 라이카는 지구에서 처음으로 우주에 가게 되었습니다.

라이카는 우주에서도 사람이 살 수 있다는 것을 보여 주었습니다. 사람들은 라이카에게 고마움을 느꼈습니다. 그래서 라이카를 기억하기 위하여 동상을 세웠습니다.

지금도 사람들은 라이카에 대한 고마움을 잊지 않고 있습니다.

라이카 동상

🐟 아래의 낱말을 한 자씩 읽을 때와 이어서 읽을 때 어떻게 다른지 빈 칸에 써 보세요.

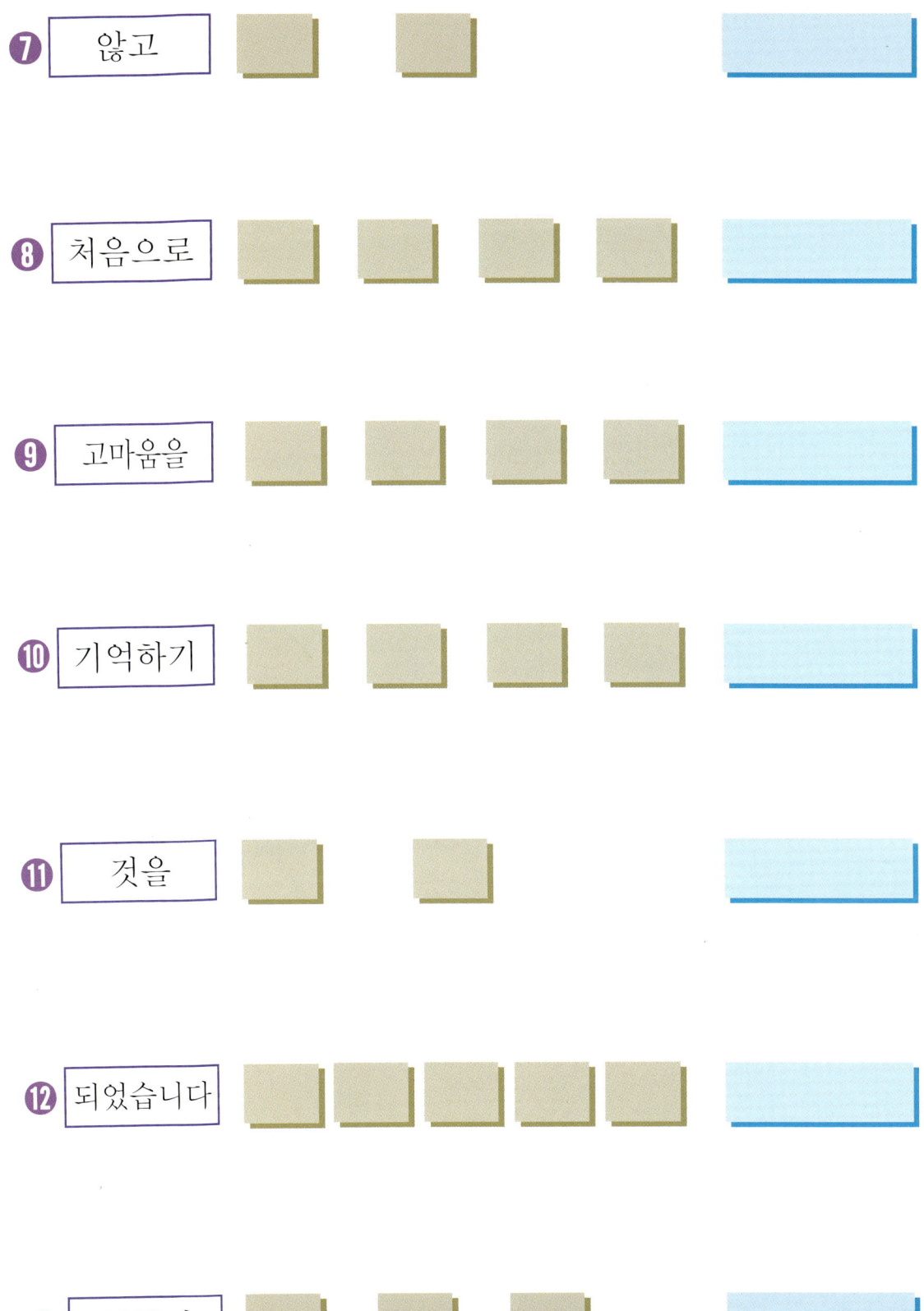

2. 띄어 읽기

1. 어떻게 띄어 읽는지 자세히 보세요.

2. 앞의 그림을 살펴보고, 물음에 답하여 보세요.

① 토끼는 어디서 띄어 읽었나요?

　　아!　이가　아파요.

② 여우는 어디서 띄어 읽었나요?

　　아이가　아파요.

3. 다음 글을 다시 한 번 읽어 보세요.

> 　　오늘 아침, 이가 너무 아팠습니다. 내가 얼굴을 찡그리자, 아버지께서 물으셨습니다.
> 　"현수야, 왜 그러니?"
> 　"아! 이가 아파요."
> 　나는 그만 울음을 터뜨리고 말았습니다.

4. 글을 알맞게 띄어 읽는 방법을 알아보세요.

다음 글을 띄어쓰기 표(∨ ⩔)에 주의하면서 읽어 보세요.

현수야, ∨
네가 준 강아지와 친한 친구가 되었어. ⩔ 고마워. ⩔
이름은 초롱이야. ⩔ 눈빛이 별처럼 초롱초롱해서 초롱이란다. ⩔
초롱이가 얼마나 컸는지 궁금하지? ⩔
다음에 초롱이와 함께 만나자. ⩔

민지가

5. 다음 글을 띄어 읽기에 알맞게 표시를 하세요.

① 만복아,움직이지마!

만복아, ∨ 움직이지마! ⋁

② 예진아, 지우개있잖아?

예진아, ∨ 지우개 있잖아? ⋁

③ 토끼지우개는없어요. 꼭갖고싶어요.

토끼 지우개는 없어요. ⋁ 꼭 갖고 싶어요. ⋁

④ 또또상자야, 고마워. 민주가웃었습니다.

또또 상자야, ∨ 고마워. ⋁ 민주가 웃었습니다. ⋁

⑤ 슬기가 메뚜기를 잡으러가요.

슬기가 메뚜기를 잡으러가요. ⋁

3. 문장 부호

1. 문장 부호의 이름과 쓰임을 알아봅시다.

온점

이름은 초롱이야.

문장 끝에 씁니다.

반점

현수야,

부르는 말 뒤에 씁니다.

느낌표

고마워!

느낌을 나타내는 문장 끝에 씁니다.

물음표

궁금하지?

묻는 문장 끝에 씁니다.

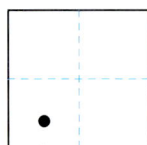  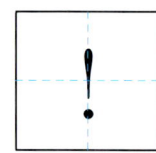 

2. 문장 부호의 쓰임을 생각하며 다음 글을 읽어 보세요.

민지야,
강아지 이름이 초롱이라고 지었구나.
참 예쁘다!
초롱이와 좋은 친구가 되었다니 기뻐.
초롱이도 너와 친구가 되어 좋아할 거야.
나도 초롱이가 보고 싶어.
초롱이와 우리 집에 놀러 올래?

현수가

😊 교과서에 나오는 글을 예쁘게 따라 써 보세요.

	민	지	야	,				
	강	아	지		이	름	을	
초	롱	이	라	고		지	었	구
나	.		참		예	쁘	다	!
	초	롱	이	와		좋	은	
친	구	가		되	었	다	니	
기	뻐	.	초	롱	이	도		너

문장 부호도 따로 한 칸을 잡아 씁니다.

처음 시작할 때는 첫 칸을 비웁니다.

글이 바뀌고 새로 시작할 때도 첫 칸을 비웁니다.

와		친	구	가		되	어		
좋	아	할		거	야	.			
	나	도		초	롱	이	가		
보	고		싶	어	.				
	초	롱	이	와		함	께		
우	리		집	에		놀	러		

글이 끝났을 때, 새로 시작하는 글을 이어서 쓰지 않고 줄을 바꾸어 씁니다.

이때 새로 시작하는 글은 첫 칸을 비웁니다.

1. 현수가 쓴 글을 읽고, 문장 부호에 따라 띄어 읽는 방법을 알아보세요.

① 민지야, ⱽ

② 강아지 이름을 초롱이라고 지었구나. ⱽⱽ

③ 참 예쁘다! ⱽⱽ

④ 초롱이와 함께 우리 집에 놀러 올래? ⱽⱽ

ⓒ 뒤에는 'ⱽ'를 하고, 조금 쉬어 읽어요.

ⓘ ⓘ ⓘ 뒤에는 'ⱽⱽ'를 하고, ⓒ 보다 조금 더 쉬어 읽어요.

2. 다음 글은 ◯에서 문장 부호를 찾아 써 넣은 것입니다. 맞은 것에 ◯표를 하세요.

| . | , | ! | ? |

① 우리 힘을 합칠까 [.] [?]

② 아이코, 아이코 [!] [?]

③ 호랑이가 덤벼들려고 하였어요 [.] [,]

④ 만복아 [,] [.] 움직이지 마 [?] [!]

⑤ 예진아 [,] [?] 지우개 있니 [!] [?]

⑥ 토끼 지우개는 없어요 [,] [.]

> 교과서 따라 쓰기

'소 세 마리'를 다음 쪽에 예쁘게 따라 써 보세요.

소 세 마리

 누렁 소 세 마리는 언제나 함께 다녔어요. 호랑이는 소를 잡아먹고 싶었어요. 그래서 날마다 기회만 엿보고 있었지요.
 어느 날, 호랑이가 덤벼들려고 하였어요. 그러자 소 세 마리는 한데 모였지요.
"우리, 힘을 합칠까?"
"좋아!"
 누렁 소 세 마리는 함께 호랑이한테 뿔을 들이밀었어요.
 그러자 호랑이는
"아이코, 아이코!"
하며 달아났어요.

🐟 교과서 내용을 예쁘게 따라 써 보세요.

	소		세		마	리		
	누	렁	소		세		마	리
는		언	제	나		함	께	
다	녔	어	요	.		호	랑	이	는
소	를		잡	아	먹	고		싶
었	어	요	.		그	래	서		날
마	다		기	회	만		엿	보

제목은 원고지의 중앙에 씁니다.

첫 칸은 띄어쓰기와 상관없이 채워서 씁니다.

고 있었지요.

　　어느　날, 호랑이

가 덤벼들려고　하

였어요. 그러자　소

세 마리는　한데

모였지요.

> 모든 부호는 특별한 경우 말고는 한 칸을 차지합니다.

"우리, 힘을 합칠까?"

"좋아!"

　누렁소 세 마리는 함께 호랑이한테 뿔을 들이밀었어요.

대화는 첫 칸을 비우고 다음 칸에 쌍따옴표를 합니다.

대화가 끝나고 다음 대화가 시작할 때는 줄을 바꿉니다.

대화가 끝나고 다시 설명이 시작할 때는 다음 줄의 첫 칸을 비우고 씁니다.

4. 그림 일기 쓰기

1. 그림일기가 무엇인지 생각하며 영우의 그림일기를 읽어보세요.

2. 영우의 그림일기를 다시 읽고, 그림일기를 쓸 때에 들어가
야 할 것을 써 보세요.

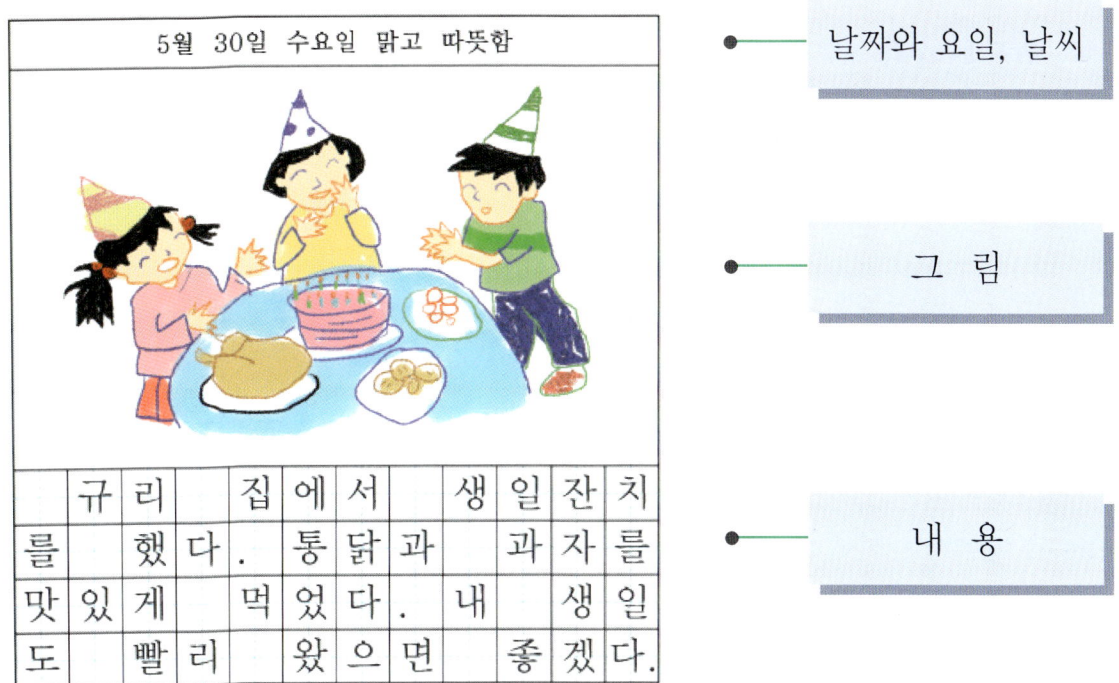

3. 그림일기를 잘 쓰려면 어떻게 해야 할지 살펴보세요.

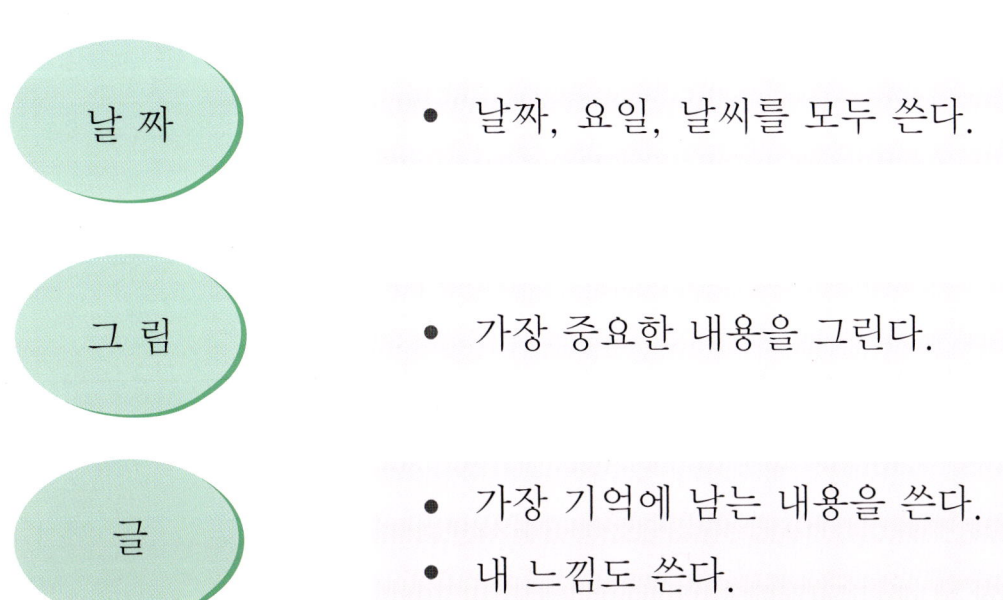

1. 은비가 그림일기 두 편 썼습니다. 두 편을 비교하면서 읽어보세요.

6월 4일

나는 오늘 아침에 일어나 밥을 먹고, 학교에 가서 공부했다. 그리고 집에 와서 숙제를 하고 잤다.

그림일기2

6월 5일　월요일　흐리고 비가 옴

　어머니께서　곰　인형을 사　주셨다.　곰　인형과 함께　자라고　사　주신 것이다.
　오늘부터　곰　인형과 같이　자야겠다.

2. 그림일기1 과 그림일기2 를 다시 읽고 물음에 답하여 보세요.

① 날짜와 요일, 날씨를 모두 쓴 일기는 어느 것인가요?

　　그림일기 2

② 그림을 내용에 알맞게 그린 일기는 어느 것인가요?

　　그림일기 2

③ 있었던 일이 잘 드러나게 쓴 일기는 어느 것인가요?

　　그림일기 2

🐟 오늘 겪은 일을 그림일기로 쓰려면 어떻게 하면 좋을까요?

• 오늘 있었던 일을 많이 떠올려 보세요.

영수가 떠올렸던 일들

・숙제를 잘 해왔다고 선생님께 칭찬을 받았다.

・친구들과 놀다가 운동장에서 넘어졌다.

・급식으로 나온 국이 뜨거워서 입을 델 뻔 했다.

・엄마와 마트에 함께 가서 여러 가지 물건을 사왔다.

・아빠가 장난감 권총을 사오셨다.

🐟 영수는 앞에서 떠 올린 일들 가운데 '숙제를 잘 해왔다고 선생님께 칭찬을 받았다.'를 가지고 그림일기를 쓰기로 하였습니다.

① 영수는 먼저 그림일기로 쓰기로 정한 제목을 가지고 그림을 그리기로 하였습니다.

② 다음은 내용을 어떻게 쓸까를 생각하며 먼저 떠오르는 데로 써 봤습니다.

선생님께 칭찬을 들었다. 선생님은 내가 숙제를 제일 잘 해 왔다고 나의 이름을 불렀다. 나는 어제 늦게까지 숙제를 했다. 여러 친구들 앞에서 칭찬을 들으니 얼굴이 빨개졌다.

3. 영수는 미리 생각한 것을 가지고 그림일기를 썼습니다.

영수의 그림일기

6월 4일

나는 어제 늦게까지 숙제를 했다. 그래서인지 선생님은 나를 불러 숙제를 잘 해왔다고 칭찬을 해 주셨다. 여러 친구들 앞에서 칭찬을 들

4. 유정이는 오늘 겪은 일을 그림일기로 쓰려고 합니다. 유정이가 어떤 차례로 그림일기를 쓰는지 살펴보세요.

5. 어제 하루 동안 내가 겪은 일을 떠올려 보고, 무슨 일이 있었는지 생각하여 써 보세요.

아침
- 늦게 일어났다고 엄마에게 야단맞았다.
- 아침도 먹지 못하고 학교에 갔다.

낮
- 자연 학습 시간에는 재미있었다.
- 배추벌레가 배추 잎을 갉아먹는 모습이 신기했다.

저녁
- 오늘은 피아노 학원에 가지 않았다.
- 놀이터에서 놀다가 시간이 늦었다.

어제 내가 격은 일 가운데에서 가장 기억에 남는 일은 무엇일까요?

6. 앞에서 떠올린 일 가운데에서 그림일기로 쓰고 싶은 것을 고르고, 그 까닭도 써 보세요. 그리고 친구들이 쓰고 싶은 것과 비교하여 보세요.

🍋 쓰고 싶은 것
　자연 학습 시간에 배추벌레가 배추 잎을 갉아먹는 모습에.

🍋 까닭
　처음으로 보는 것이라 신기하기 때문이다.

34

7. 그림일기를 쓰기 전에 쓸 내용을 정리하여 보면 도움이 됩니다. 그림일기에 쓸 내용을 간단히 정리하여 보세요.

날짜, 요일, 날씨	○월 ○일 ○요일 흐림
겪은 일	(겪은 일을 처음부터 순서대로 쓰지 않아도 됩니다. 다른 곳에 생각나는 데로 썼다가 일이 일어난 순서대로 정리하면 좋습니다. 다음 쪽을 참고하세요.)
생각이나 느낌	(겪은 일을 쓰고, 다음에 그 일을 겪었을 때에 느낀 점을 쉽게 씁니다. 처음에는 잘 쓰려 하지 않아도 됩니다.)

겪은 일 쓰기

 오늘 겪은 일을 모두 써 보세요.

- 학교 가는 길에 미란이를 만나서 함께 갔다.
- 오늘은 선생님이 안 오셔서 다른 선생님이 가르쳐 주셨다.
- 급식을 맛있게 먹었다.
- 저녁에 엄마랑 재래시장에 갔다가 엄마를 잃어버렸다.

 이 가운데 가장 기억에 남는 것 하나만 골라 아래에 자세히 써 보세요.

· 엄마를 잃어버렸다. · 물건을 구경하다 보니 엄마가 없었다. · 재래시장은 사람이 많았다. · 엄마를 부르며 뛰어 다녔다. · 겁이 나서 눈물이 먼저 났다. · 엄마도 나를 부르며 뛰어왔다.

 위의 글을 일이 일어난 순서대로 써 보세요.

① 재래시장은 사람이 많았다. ② 물건을 구경하다 보니 엄마가 없었다. ③ 엄마를 잃어버렸다. ④ 겁이 나서 눈물이 먼저 났다. ⑤ 엄마를 부르며 뛰어 다녔다. ⑥ 엄마도 나를 부르며 뛰어왔다.

8. 앞에서 정리한 내용을 바탕으로 하여, 그림일기를 써 보세요.

6월 22일 화요일 날씨 조금 흐림

　저녁에 엄마를 따라 재래 시장에 갔다. 나는 신나서 따라나섰다. 재래시장은 물건과 사람이 많았다. 물건을 구경하다 엄마를 잃어버렸다. 겁이 났지만 엄마를 찾았다.

교과서 내용을 예쁘게 따라 쓰세요.

		읽	기		숙	제		
	○	월	○	일		맑	음	
	숙	제	를		하	려	고	
읽	기	책	을		찾	았	다	.
그	런	데		내		책	상	에
는		보	이	지		않	았	다.
어	젯	밤	에		책	을		읽

일기에는 제목과 함께 날짜와 날씨를 씁니다.

글이 끝나고 온점 등 부호를 쓸 자리가 없을 때는 끝 칸에 글과 함께 쓰든가 칸 밖에 써도 됩니다. 그러나 줄을 바꿔서 첫 칸에 부호를 쓸 수는 없습니다.

다	가		안	방	에		그	냥	∨
두	었	나		보	다	.			
		읽	기	책	을		제	자	리
에		두	지		않	아		찾	
는		데		시	간	이		많	
이		걸	렸	다	.		앞	으	로

가끔 이와 같이 칸 밖에 띄어쓰기 표시를 하지만 다음 줄의 첫 칸을 비우고 쓸 수는 없습니다.

5. 글 쓰기 전에

글을 쓰기 전에 내 생각을 정리하여 보세요.

❶ 오늘 있었던 일을 많이 떠올려 보세요.

① 은서는 공원에서 무엇을 보았나요?
공놀이 하던 공이 어린 아이가 있는 곳으로 날아가는 것을 보았다.

② 은서는 공놀이를 하는 친구들에 대하여 어떤 생각을 하였나요?
여럿이 있는 곳에서 공놀이를 하다 남에게 피해를 주는 것은 나쁘다고 생각했다.

❷ 은서가 겪은 일과 비슷한 경험이 있으면 이야기 하여 보세요.

❸ 있었던 일을 한 가지 정하여 그 일에 대한 내 생각을 정리하여 보세요.

있었던 일

지하철 안에서 큰 소리로 떠들었다.

그 일에 대한 생각

여러 사람이 모인 곳에서 떠드는 것은 많은 사람들에게 피해를 주는 것이란 생각이 들었다. 다음부터는 조심해야겠다.

🐟 쓸 내용을 정리하는 방법을 알아보세요.

❶ 상수에게 어떤 일이 있었는지 살펴보세요.

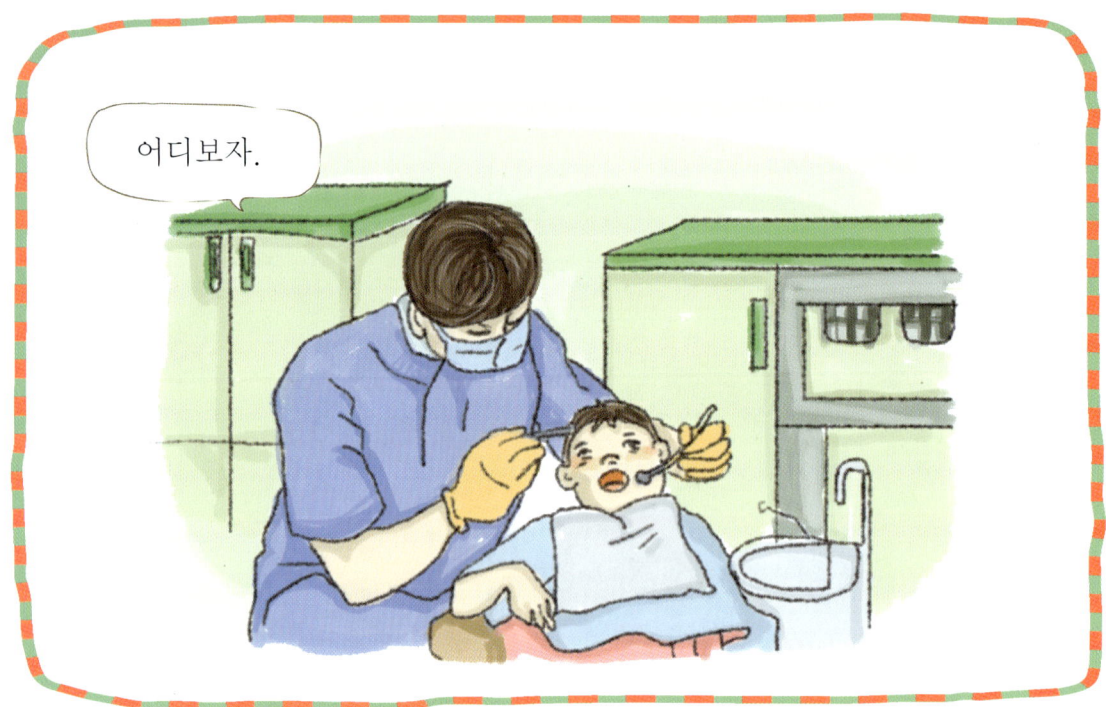

❷ 보기 처럼 상수에게 일어난 일에 대한 내 생각과 그렇게 생각한 까닭을 정리하여 보세요.

일어난 일	이가 아파서 치과에 갔습니다.
그 일에 대한 내 생각	양치질을 잘 해야 합니다.
그렇게 생각한 까닭	양치질을 잘 하지 않으면 이가 아파 치과에 가야 합니다.

일어난 일	100점을 받아 엄마에게 칭찬을 받았다.
그 일에 대한 내 생각	기분이 좋았다.
그렇게 생각한 까닭	열심히 공부한 때문이다. 앞으로 더욱 열심히 공부해야겠다.

❸ '영희의 일기'를 읽고, 영희가 철수에게 어떤 말을 해 주고 싶었을지 생각하여 보세요.

영희의 그림일기

6월 20일 금요일 맑음

청소 시간에 말다툼을 하였습니다. 우리 반 철수는 청소도 안 하고 놀기만 하였습니다.
내가 놀지만 말고 책상을 닦으라고 하니까 나에게 화를 냈습니다. 청소는 다 같이 해야 하는데 철수는 하지 않았습니다.
철수와 다투고 나니 기분이 매우 나빴습니다.

① 영희에게 어떤 일이 있었나요?
철수와 말다툼이 있었다.

② 영희는 왜 화가 났나요?
청소는 다 같이 해야 하는데 철수가 그러지 않아.

③ 영희는 철수에게 어떤 말을 하고 싶을까요?
우리 청소를 다 같이 하자.

❹ 내가 영희라면 철수에게 어떤 말을 해 주고 싶은지 써 보세요. 그리고 쓴 글을 발표하여 보세요.

> 우리 반은 우리가 함께 사용하는 곳이므로 함께 청소하여 깨끗한 곳에서 공부하면 기분도 좋을 것 아니겠어. 그러므로 놀지 말고 함께 청소하여 깨끗한 교실을 만들자.
> 철수야, 우리 함께 청소하자.

내 생각을 자세히 쓰기

❶ 영수와 초롱이가 아버지께 생일 선물을 사 달라고 쓴 글입니다. 두 글을 비교하며 읽어 보세요.

아버지,
제 생일 선물로 자전거를 사 주세요. 자전거를 갖고 싶어요.
영수 올림

아버지,
이번 생일 선물로 자전거를 사 주세요. 자전거를 타면 몸이 건강해져요. 다리도 튼튼해지고 팔도 튼튼해져요. 몸이 건강해지면 공부도 잘할 수 있어요.
초롱 올림

❷ 영수와 초롱이가 쓴 글을 다시 읽고, 물음에 답하여 보세요.

① 영수와 초롱이는 아버지께 무엇을 사 달라고 하였나요?
자전거

② 누가 더 자기의 생각을 자세히 썼나요?
초롱이

③ 내가 아버지라면 누구에게 생일 선물을 사 주고 싶을까요? 왜 그렇게 생각하는지 말하여 보세요.

초롱이는 자전거를 타고 싶은 이유를 자세히 썼기 때문에.

영수는 자전거를 사 달라는 자기의 생각만 간단히 썼어요.

초롱이는 자기의 생각과 함께 그 까닭도 자세히 썼어요.

❸ 글을 쓸 때에 내 생각을 자세히 쓰는 것이 왜 중요한지 써 보세요.

🥝 내 생각을 분명히 전할 수 있습니다.

🥝 읽는 이가 받아들일 수 있습니다.

🐟 내 생각을 자세히 쓰려면 어떻게 써야 할까요?

❶ 석원이네 방에서는 장래 희망에 대한 글을 써서 친구들 앞에서 발표하기로 하였습니다. 석원이가 쓴 글을 살펴보세요.

① 친구들이 석원이의 글을 보면 어떤 점을 궁금해 할까요?

🍏 훌륭한 사람이란 어떤 사람이지?

② 친구들이 궁금해 하는 까닭은 무엇일까요?

🍏 훌륭한 사람이 어떤 사람인지 알 수 없기 때문에.

❷ 석원이는 자기의 생각을 자세히 나타내기로 하였습니다. 석원이가 어떤 생각을 하는지 살펴보세요.

훌륭한 사람이 어떤 사람인지 쓰면 좋겠구나.

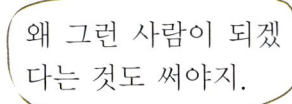
왜 그런 사람이 되겠다는 것도 써야지.

어떻게 열심히 공부할 것인지도 써야겠어.

❸ 석원이가 다시 쓴 글을 살펴봅시다. 어떤 점이 좋아졌는지 말하여 보세요.

저는 훌륭한 피아니스트가 되고 싶습니다. 그래서 많은 사람에게 즐거운 음악을 많이 들려주고 싶습니다. 피아니스트가 되기 위하여 날마다 피아노 연습을 꾸준히 하겠습니다.

자세히 쓰는 것은 하나하나 구체적으로 쓰는 것입니다. '나는 어제 많이 다쳤습니다.' 한다면, '어디서 다쳤는지', '왜 다치게 되었는지', 그래서 '어떻게 되었는지'를 써야 합니다. '어제 학교 갔다 오는 길에 (언제) 동네 앞 횡단 보도에서(어디서) 달려오는 오토바이에 치여서(왜) 병원에 실려갔다(어떻게 되었나)'.

🐟 내 생각이 잘 드러난 글을 써 보세요.

① 내가 좋아하는 것이나 싫어하는 것에 대하여 글을 써 보세요. 먼저, 내가 쓸 내용을 정하여 그림으로 나타내어 보세요.

내가 좋아하는 것

(달리기 운동)

(그림 그리기)

내가 싫어하는 것

(치과에 가는 것)

(학원에 가는 것)

❷ 내가 가장 좋아하는 것을 정한 뒤에 그것을 좋아하는 까닭을 자세히 써 보세요.

① 내가 가장 좋아하는 것은 무엇인가요?

운동하는 것.

② 그 까닭은 무엇인가요?

나는 축구하는 것, 달리기, 줄넘기 같은 것을 좋아한다. 이런 운동을 하면 땀이 나고 기분이 좋아진다. 그냥 앉아 있으면 답답해서 싫다. 그래서 자꾸 운동을 하고 싶어한다.

❸ 내가 가장 싫어하는 것을 정한 뒤에 그것을 싫어하는 까닭을 자세히 써 보세요.

① 내가 가장 싫어하는 것은 무엇인가요?

병원에 가는 것.

② 그 까닭은 무엇인가요?

병원에 가는 것을 제일 싫어한다. 먼저 병원 문을 들어서면 나는 병원 냄새도 싫고, 의사 선생님이 청진기를 가지고 가슴에 대는 것도 싫다. 또 간호사 누나가 주사기를 가져오면 무서워서 달아나고 싶다.

❹ 앞에서 하나를 골라 글을 쓰려고 합니다. 어떤 순서로 쓸 것인지 정리하여 보고, 쓸 내용을 말하여 보세요.

먼저, 무엇을 좋아하고 싫어하는지 말하는 것이 좋겠어요.

그런 다음에 좋아하고 싫어하는 까닭을 자세히 말해요.

❺ 앞에서 정리한 내용을 바탕으로 하여, 좋아하는 것이나 싫어하는 것에 대하여 내 생각을 자세히 써 보세요.

　나는 병원에 가는 것이 제일 싫다. 병원에 가면 병원 냄새가 싫다. 그리고 의사 선생님의 진찰도 싫다. 윗옷을 벗고 청진기를 대면 찬 쇠의 느낌이 아주 싫다.
　입을 벌리고 입 안을 드려다 볼 때는 입 안에 무슨 쓴 약이라도 넣을 것 같아서 싫다. 더구나 간호사 누나가 주사기를 가지고 들어오면 난 도망가고 싶다. 긴 주사기가 내 궁둥이 살에 들어갈 것을 생각하면 정말 무섭다. 쓴 약도 싫다. 병원에서 주는 모든 것이 싫다. 그래서 아프지 말아야겠다.

🐟 내 생각이 잘 드러나게 글 쓰는 방법에 대하여 친구들과 사다리 타기를 하면서 정리하여 보세요.

교과서 내용을 예쁘게 따라 쓰세요.

　　금강산 도라지

　　옛날, 금강산 어느 골짜기에 도라지라는 착한 아이가 살았어요. 도라지의 어머니는 3

아라비아 숫자도 한 칸에 씁니다.

년 전에 병으로

돌아가셨어요.

　도라지네 집은

가난하였어요. 어머니의 약값으로 빌린 돈이 많았기 때문이에요. 아버지

> 이야기가 바뀔 때는 그 줄의 남은 칸을 비우고 줄을 바꾸어 첫 칸을 비우고 씁니다.

6. 칭찬하는 글

 친구를 칭찬하는 글을 읽고, 칭찬하는 글에 대하여 알아보세요.

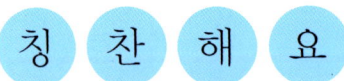

> 임준수는 인사를 잘합니다. 준수는 친구를 만나면 먼저 "안녕?"하고 반갑게 인사를 합니다. 그래서 준수를 만날 때마다 기분이 좋습니다.

① 준수의 어떤 점을 칭찬하고 있나요?

　친구에게 인사를 잘하는 점.

② 준수가 이 글을 읽는다면 어떤 기분이 들까요? 또, 다른 친구들은 이 글을 읽고 준수에 대하여 어떻게 생각할까요?

🐟 앞의 글과 같이 다른 사람을 칭찬하는 글을 써 본 경험을 이야기하여 보세요.

민우야!
 지난 번에 고마웠어. 네가 돈을 빌려주지 않았다면 준비물을 못 가져갈 뻔 했어. 집에서 깜박 잊고 그냥 왔지 뭐야.
 고마워서 글로 인사하는 거야.

 우리 반 친구들에게
 어제 학교 수업이 끝나고 집에 가는 길에 철민이가 어느 할머니의 짐을 들어다 주는 것을 보았어. 나는 미처 생각을 못하고 지나쳤는데. 자랑스런 사실을 친구들에게 알리기 위해 여기 글을 올렸어.
　　　　　　　　지민이가

나를 잘 도와주는 친구에게 글을 써서 고마운 마음을 전했어.

우리 학교 누리집에 친구의 좋은 점을 썼어.

칭찬하는 글은 어떻게 쓸까요?

❶ 그림을 보고, 동물들의 행동에서 칭찬할 점을 찾아 보기 와 같이 써 보세요.

코끼리는 불을 꺼 주었습니다.

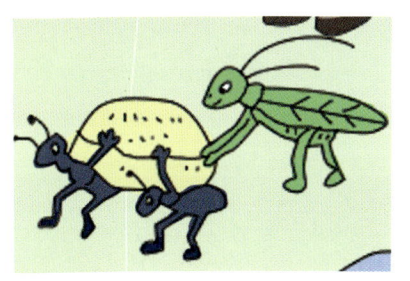

개미는 힘을 모아 여치의 짐을 옮겨 주었습니다.

거북이는 달리기 경기를 하다 다친 토끼의 발목을 치료해 주었습니다.

악어는 더러운 곳을 깨끗이 청소하였습니다.

친구를 칭찬하는 글을 쓰려면 어떻게 해야 할까요?

친구의 말이나 행동에서 칭찬할 만한 점을 여러 가지 찾아보아요.

❷ 앞의 그림에 나오는 원숭이의 행동을 보고 칭찬하는 글을 쓴 것입니다. 두 글을 비교하며 읽어보세요.

① 무엇에 대하여 칭찬하고 있나요?
　원숭이가 재주를 잘 부리는 것에 대해.

② 글 ①과 ② 가운데 칭찬하는 내용이 잘 드러난 것은 어느 것인가요?
　②의 글은 원숭이의 재주를 자세하게 썼다.

❸ 앞의 글 ②와 같이 칭찬하는 글을 잘 쓰려면 어떻게 하면 좋을지 친구들과 이야기하여 보세요.

❹ 친구 가운데 한 명을 정하여 친구의 좋은 점을 칭찬하여 보세요.

영수는 늘 명랑하다. 그래서 친구들과 잘 어울리고 친구들을 잘 웃긴다. 그와 같이 있으면 우울했다가도 곧 명랑해진다.
 영수는 친구와 다투는 일이 거의 없다. 그래서 우리 반 어린이들은 영수를 좋아한다.

❺ 우리 반 친구들의 칭찬할 점을 떠올려 간단히 써 보세요.

이 름   이하늘

칭찬할 점   길 잃은 어린이를 부근 아파트 경비실에 데려다 주었다.

❻ 칭찬할 점이 잘 드러나게 상장을 써 보세요.

어린이를 찾아준   상

이하늘   에게

이하늘은 길 잃은 어린이를 부근 아파트 경비실까지 데려다 주어 부모를 찾는데 큰 도움이 되게 한 점을 훌륭하게 생각하여 이 상을 줌.

2010 년   9 월   16 일

김수영   (이)가

🐟 이 단원에서 공부한 내용을 되돌아보며 빈칸에 들어갈 알맞은 낱말을 에서 찾아 써 보세요.

보기

| 좋은 점 | 느낌 | 틀린 점 | 상상 | 자세히 |

칭찬하는 글을 쓸 때에는 그 사람의 좋은 점, 그 사람이 잘 하는 점, 열심히 하는 점을 자세히 씁니다.

🐟 짝끼리 서로 칭찬하는 상장을 써 준 뒤에 그 상장을 교실 게시판에 걸어 두거나, 집에 가져가 가족에게 보여 줍시다.

교과서 내용을 예쁘게 따라 쓰세요.

		"	내	가		뒷	산	에	서
		노	루	를		보	았	는	데,
		뿔	이		여	기	에	도	
		돋	고,		여	기	에	도	
		돋	고	…	.	"			
		박	박	이	는		머	리	의
가	려	운		곳	을		여	기	

대화는 모두 한 칸씩 들여 써야 합니다.

대화가 끝나고 설명하는 글이 시작될 때에는 첫 칸을 비우고 씁니다.

저기 툭툭 눌러

가며 긁었어요.

그랬더니 코흘리

개가 말하였어요.

　"아이고, 내가

　봤더라면 당장

> 대화는 설명하는 글보다 한 칸 들여 씀으로 해서 설명하는 글과 구별을 짓습니다.

7. 소개하는 글

🐟 소개하는 글이 무엇인지 알아보세요.

❶ 수민이는 자기가 기르는 강아지를 소개하는 글을 썼습니다. 어떤 점을 어떻게 소개하고 있는지 생각하며 글을 읽어 보세요.

제가 기르는 강아지는 이름이 꼬부리입니다. 털이 꼬부라지고 곱슬곱슬해서 꼬부리라고 이름을 지었습니다.

꼬부리는 보통 강아지들보다 몸집이 작은 편이지만, 귀는 얼굴을 다 덮을 만큼 아주 큽니다. 눈은 크고 동그랗습니다.

제가 학교에 갔다 오면 혀를 날름거리며 가장 먼저 반겨줍니다. 꼬부리는 언제나 우리 집 재롱둥이입니다.

❷ 수민이가 소개한 내용을 살펴보세요.

❸ 소개하는 글이 무엇인지 정리하여 보세요.

> 소개하는 글 쓰는 방법을 알아봅시다

❶ 상희와 영천이가 소개한 글을 비교하며 읽어 보세요.

상희의 글

이 새는 깃털이 예쁘고 화려해서 내가 참 좋아하는 새입니다.

영천이의 글

이 새는 머리가 왕관과 같이 멋진 모양으로 되어 있고, 꼬리에는 예쁜 동전 같은 무늬가 있습니다. 이 예쁜 꼬리의 깃털이 마치 부채처럼 펼쳐지기도 합니다.

❷ 상희의 글과 영천이의 글을 다시 읽고, 물음에 답하여 보세요.

① 상희와 영천이가 소개하고 있는 것은 무엇인가요?
   공작새

② 소개하는 내용이 잘 드러나게 쓴 글은 어느 것인가요?
   영천이의 글이며, 공작의 모양을 자세하게 썼다.

❸ 내가 소개하고 싶은 것을 정한 뒤에 어떻게 소개할 것인지 생각하여 보세요.

① 무엇을 소개하고 싶나요?
장난감 불자동차

② 누구에게 소개할 것인가요?
우리 반 어린이

③ 소개할 내용을 몇 가지 정하여 보고, 어떻게 해야 하는지 정리하여 보세요.

· 정말 불자동차 같다.

· 출발 스위치를 누르면 소방차 소리와 함께 달린다.

· 소방관 아저씨의 고개가 사방으로 움직여서 정말 불을 끄러 가는 것 같다.

❹ 소개하는 글을 잘 쓰려면 어떻게 해야 하는지 정리하여 보세요.

🌰 무엇을 소개할지 정합니다.

🌰 궁금해 하거나 알아야 할 것을 씁니다.

🌰 소개할 내용이 잘 드러나게 씁니다.

소개하는 글을 쓸 때에는 읽을 사람이 궁금해 하거나 알아야 할 것을 생각하면서 쓰는 것이 좋아요.

그리고 소개할 내용이 잘 드러나게 써야겠지요.

❺ 내가 자주 가는 곳이나 좋아하는 동물, 좋아하는 놀이를 떠올리며 친구들과 이야기하여 보세요.

내가 소개하는 글

무엇에 대해 소개하고 싶은가요?
우리 집 강아지

왜 그것을 소개하려고 하나요?
귀엽고 예뻐서

소개하려는 것의 특징은 무엇인가요?
흰 털에 밤색점이 있는 점박이 강아지이다. 노는 모습이 귀엽다.

내가 소개하는 글

무엇에 대해 소개하고 싶은가요?
우리 동네 빵집.

왜 그것을 소개하려고 하나요?
아저씨가 친절하고 빵이 맛있어서.

소개하려는 것의 특징은 무엇인가요?
아저씨가 언제나 친절하다. 김이 오르는 빵이 먹음직스럽고 팥앙고가 맛있다.

우리 동네 뒷산에서는 연을 날리기 좋아.

연 날리는 모습에 대해 소개하려는구나.

내가 소개하는 글

무엇에 대해 소개하고 싶은가요?

우리 동네 뒷산에서 연 날리는 모습.

왜 그것을 소개하려고 하나요?

하늘 높이 올라간 연이 꼬리를 흔들며 나는 모습이 좋다.

소개하려는 것의 특징은 무엇인가요?

하늘을 나는 연이 우리를 부르는 것처럼 꼬리를 흔든다. 여러 종류의 연이 서로 뽐내는 듯한 모습이다.

"나의 얼굴에 대해 말하면 어떨까?"

"내 얼굴에 대해 소개하고 싶어."

내가 소개하는 글

무엇에 대해 소개하고 싶은가요?
나의 얼굴에 대해.

왜 그것을 소개하려고 하나요?
나의 모습을 친구에게 자랑하고 싶어서.

소개하려는 것의 특징은 무엇인가요?
나는 얼굴이 둥근 편이고, 동그랗고 반짝이는 눈이 있다. 그래서 누구에게나 좋은 모습을 줄 수 있다.

🐟 내가 소개하고 싶은 것을 아래에 써 보세요.

소개하는 것

곰 인형

소개하는 까닭

귀엽게 생기고 내가 화가 나서 집어던져도 화를 내지 않는다.

특 징

흰 털로 된 곰 인형은 몸집은 크지만 눈과 입, 코는 작다. 그래서 곰 인형은 귀엽다. 곰 인형은 내가 잘 때도 안고 잔다. 그러나 내가 화가 나면 곰 인형을 집어던지기도 한다. 그래도 곰 인형은 화를 낼 줄 모른다.

우선 무엇을 소개하는지 밝히는 것이 좋겠어요. 그리고 그 까닭도 쓰면 좋겠어요.

소개하는 것의 특징을 자세히 써요.

🐟 앞에서 정리한 내용을 바탕으로 하여 소개하는 글을 써 보세요.

곰 인형

　우리 집 곰 인형은 귀엽게 생겼다. 몸집은 커도 눈, 코, 입이 작아서 그런가보다. 곰 인형은 내 친구다. 나는 언제나 곰 인형을 안고 다니고 잘 때도 안고 잔다. 그러나 어떤 때는 내가 화가 나서 곰 인형을 집어 던지기도 한다. 벽에 부딪혀 방바닥에 떨어진 곰 인형은 그래도 내게 화를 한 번도 내는 적이 없다. 그럴 때는 나는 곰 인형에 대해 미안한 생각이 든다. 그래서 곰 인형을 더 좋아하는가보다.

① 소개하는 까닭을 쓴 부분을 찾아 밑줄을 그어 보세요.

② 소개를 잘한 부분을 찾아 밑줄을 그어 봅시다.

앞에서 쓴 글을 친구와 바꾸어 읽고, 잘된 점과 고칠 점을 찾아보세요.

내 용	확인	
	예	아니요
• 소개하는 까닭이 잘 드러나 있나요?	○	
• 소개하는 내용이 잘 드러나게 썼나요?	○	
• 친구의 글에서 잘된 점과 고칠 점을 친구 책에 써 줍니다.		

지금까지 배운 내용을 정리하여 보세요.

1. 이 단원에서 공부한 내용을 살펴보세요.

① 소개한 글이 어떤 글인지 말하여 보세요.
   남들이 궁금해 하는 점을 말하고 왜 그런지 이유를 쓴다.

② 소개하는 글을 쓸 때에 주의할 점을 말하여 보세요.
   특징을 잘 드러나게 써야한다.

③ 내가 쓴 글을 다시 읽어 보고, 가장 중요한 점이 무엇인지 말하여 보세요.
   그 까닭이 잘 드러나 있지 않다.

2. 오늘 쓴 글을 가족 앞에서 읽어 보고, 가족이 나에게 어떤 말을 해 주었는지 써 보세요.

🐟 교과서 내용을 예쁘게 따라 쓰세요.

		떡	시	루		잡	기	
	옛	날		옛	적	에		호
랑	이	와		두	꺼	비	가	
떡	을		만	들	어		먹	기
로		하	였	습	니	다 .		호
랑	이	와		두	꺼	비	는	
똑	같	이		쌀	을		한	

이야기가 시작되는 첫 자는 늘 한 칸 들여 씁니다.

바가지씩 가져다가 떡을 쪘습니다. 떡 시루에서 김이 모락모락 올라왔습니다. 군침이 저절로 돌았습니다.

글이 끝 칸에서 끝나도 다음 줄의 첫 칸을 비우지 않고 씁니다.

8. 중심 낱말 찾기

1. 중심 낱말 찾기

❶ 무엇에 대하여 쓴 글인지 생각하며 〈송편〉을 읽어 보세요.

송 편

송편은 추석에 먹는 대표적인 음식입니다. 송편은 보름달이나 반달 모양으로 빚습니다. 그래서 '달떡'이라고도 부릅니다.

송편을 만드는 재료에는 쌀가루로 만든 반죽 덩어리와 송편 속에 넣는 소가 있습니다. 송편의 소는 깨, 팥, 콩, 밤, 녹두, 대추 등으로 만듭니다. 또, 송편에 솔잎, 쑥 등 다양한 재료를 사용하여 여러 가지 색이나 향을 내기도 합니다.

❷ 글에서 중심 낱말이 무엇인지 알아보세요.

중심 낱말이 무엇인가요?

그 글의 중심 내용을 알 수 있게 해주는 낱말이에요.

❸ 〈송편〉을 읽고, 중심 낱말을 찾아보세요.

제목이 무엇인지 알아보자.

무엇에 대하여 쓴 글이지.

여러 번 나온 낱말을 찾아봐.

그래, 제목과 무엇에 대한 글인가와 여러 번 나온 낱말이 중심 낱말이 되지.

🐟 다음은 민준이의 일기입니다. 민준이가 알게 된 들꽃 이름이 무엇인지 생각하여 보세요.

○○월 ○○일 ○요일 날씨 : 해가 쨍쨍

작고 노란 꽃을 보았다. 괭이밥이라는 들꽃이다. 아빠께서는 고양이가 배 아플 때 먹어서 이러한 이름이 붙여졌다고 하셨다. 들꽃 이름이 참 재미있다.

① 이 글은 무엇에 대해 쓴 글인가요?
　괭이밥이라는 들꽃

② 이 글의 중심 낱말은 무엇인가요?
　괭이밥

🐟 민준이는 들꽃 이름을 더 알아보기로 하였습니다. 민준이가 알게 된 들꽃 이름을 생각하며 〈재미있는 들꽃 이름〉을 읽어 보세요.

재미있는 들꽃 이름

제비꽃은 제비가 돌아오는 봄에 핀다고 하여 붙여진 이름입니다. 제비꽃은 산이나 들에서 흔히 볼 수 있는 들꽃입니다. 제비꽃을 맞걸어 꽃싸움을 하기도 합니다. '씨름꽃', '앉은뱅이꽃'이라고도 부릅니다.

제일 많이 나온 낱말은 무엇인가요? : 제비꽃

달맞이꽃은 달이 뜰 무렵에 피는 들꽃이라서 붙여진 이름입니다. 달맞이꽃은 저녁에 피었다가 이튿날 아침에 해가 뜨면 시드는 꽃입니다. 달맞이꽃의 씨앗은 기름을 만들어 약으로 쓰이기도 합니다.

제일 많이 나온 낱말은 무엇인가요? : 달맞이꽃

🐟 〈재미있는 들꽃 이름〉을 읽고, 물음에 답하여 보세요.

① 제비꽃의 이름은 어떻게 하여 지어졌나요?
<u>제비가 돌아올 때 핀다고 하여</u>

② 달맞이꽃은 하루 중에서 언제 피나요?
<u>저녁달이 뜰 때 피었다가 이튿날 해가 뜨면 진다.</u>

🐟 〈재미있는 들꽃 이름〉을 다시 읽고, 중심 낱말이 무엇인지 찾아보세요.

<u>제비꽃, 달맞이꽃</u>

🐟 다음 꽃 이름은 '뚱딴지'입니다. 뚱딴지는 예쁘고 노란 꽃에 어울리지 않게 뿌리가 울퉁불퉁합니다. 왜 이름이 뚱딴지라고 붙여졌을지 친구들과 이야기하여 보세요.

뚱딴지꽃

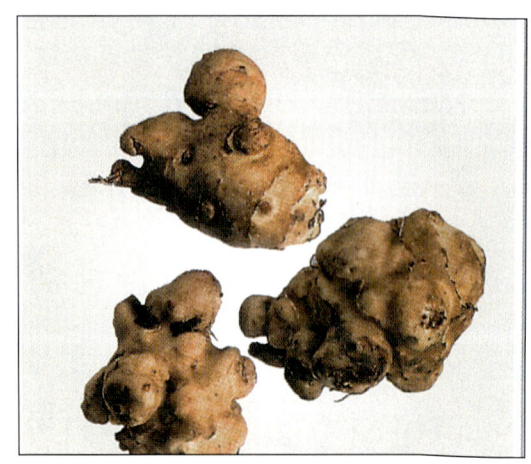

뚱딴지 뿌리

<u>꽃과 뿌리가 어울리지 않아서</u>

🐟 다음 글을 읽고 중심 낱말이 무엇인지 찾아보세요.

소금을 만드는 맷돌

옛날 옛적에 어느 임금님이 신기한 맷돌을 가지고 있었습니다. '나와라 밥!' 하면 밥이 나오고, '그쳐라, 밥!' 하면 뚝 그치는 신기한 맷돌이었답니다.

어느 날, 도둑이 궁궐에 들어와 맷돌을 훔쳐갔습니다. 도둑은 배를 타고 바다를 건너다가 외쳤습니다.

"나와라, 소금!"

그러자 맷돌에서 하얀 소금이 쏟아져 나왔고, 점점 배 안에 쌓여 갔습니다. 배가 기우뚱거리기 시작하였습니다.

도둑은 너무 놀라 '그쳐라, 소금!'이라는 말을 잊어버렸습니다. 결국, 맷돌은 도둑과 함께 바닷속에 가라앉고 말았습니다.

바닷속에서도 맷돌은 쉬지 않고 돌았습니다. 그래서 바닷물이 짜게 되었답니다.

중심 낱말: 맷돌

고구마 캐기

 신영이는 고구마를 캐러 시골에 갔습니다. 고구마 밭에 가자마자 할머니께 고구마 캐는 방법을 배웠습니다. 신영이는 호미로 땅을 파서 조심스럽게 고구마를 캐내었습니다.
 "와! 고구마가 땅속에 숨어 있었네."
 신영이는 고구마가 땅속에서 주렁주렁 나오는 모습이 마냥 신기하였습니다.
 밭에서 돌아온 할머니께서는 고구마를 삶아 주셨습니다. 달콤한 냄새가 온 집 안에 퍼졌습니다.
 "와, 달콤한 냄새! 맛있겠다."
 신영이는 할머니와 함께 뜨거운 고구마를 호호 불어 가며 맛있게 먹었습니다.

중심 낱말 : 고구마

눈

윤동주

지난밤에
눈이 소오복히 왔네.
지붕이랑
길이랑 밭이랑
추워한다고
덮어 주는 이불인가봐.

그러기에
추운 겨울에만 내리지.

중심 낱말 : 눈

중심 낱말을 찾으려면 어떻게 해야 할까요? 알맞은 내용에 ○표를 하세요.

여러 번 나온 낱말을 찾아봅니다.

제목이 무엇인지 알아봅니다.

무엇에 대하여 쓴 글인지 알아봅니다.

글자와 다르게 소리 나는 낱말을 찾아봅니다.

교과서 내용을 예쁘게 따라 쓰세요.

송편

송편은 추석에 먹는 대표적인 음식입니다. 송편은 보름달이나 반달 모양으로 빚습니다.

그래서 '달떡'이라

끝 칸에서 문장이 끝났을 때는 온점을 끝 글자와 함께 한 칸 안에 쓰거나 원고지 밖에 씁니다.

고도 부릅니다.

　송편을 만드는

재료에는 쌀가루로

만든 반죽 덩어리

와 송편 속에 넣

는 소가 있습니다.

이야기가 끝나고 새로 시작될 때에는 줄을 바꿔서 써야 합니다.

새로 시작될 때에는 첫 칸을 비우고 둘째 칸부터 씁니다.

9. 틀리기 쉬운 낱말

❶ '금강산 도라지'를 읽고, 초록색으로 된 글씨를 바르게 고쳐 써 보세요.

"아버지, 어서 **기우늘** 차리세요."
"어린 너를 어찌 보낸단 말이냐?"
도라지는 슬퍼하는 아버지께 걱정하지 마시라고 말씀드렸어요. 그리고 산 **넘어에** 있는 부자네 집으로 **떠낫서요**.

산 너머 부자네 집으로 가는 도중에 도라지는 어머니가 보고 싶어졌어요. 도라지는 어머니 무덤을 찾아갔어요.

① 기우늘 ➡ 　　　　

② 넘어에 ➡ 　　　　

③ 떠낫서요 ➡

❷

"어머니 재가 왔어요."
　도라지는 어머니 무덤 앞에 쓰러지듯 업드려 절을 하였어요. 도라지는 구슬 가튼 눈물을 흘렸어요.
"어머니!"
　몹씨 지친 도라지는 어머니를 부리며 울다가 그만 영영 잠이 들고 말았어요.
　그 뒤 무덤 아페는 하얀 꽃 한 송이가 피어났어요. 사람들은 도라지가 피어난 꽃이라고 하여 그 꽃을 '도라지꽃'이라고 불렀어요.

① 재가 ➡
② 업드려 ➡
③ 가튼 ➡
④ 몹씨 ➡
⑤ 아페는 ➡

❸

　어느 가을날, 농부가 밭에서 무를 뽑고 있었습니다. 히고 탐스러운 무가 쑥쑥 뽀펴 나왔습니다. 농부는 신바람이 나서 어깨가 들썩들썩하였습니다.

　그러다 농부는 커다란 무를 뽑았습니다. 아주 굴꼬 긴 무였습니다. 농부는 신기해서 그것을 고을 사또에게 바치기로 하였습니다.

　"사또, 제가 평생 농사를 지었지만 이러케 커다란 무는 처음 봅니다. 사또께 이 무를 바치고 싶습니다.

① 히고 ➡ 　　　　

② 뽀펴 ➡ 　　　　

③ 굴꼬 ➡ 　　　　

④ 이러케 ➡

❹

한밤중이에요. 황소아저씨네 추운 외양간에 하얀 달비치 비치었어요. 그때 새앙쥐 한 마리가 외양간 모퉁이 벽 뚤린 구멍으로 얼굴을 쏙 내미렀어요. 새앙쥐는 쪼르르 황소 아저씨 등을 타고 저기 구유 쪼그로 달려갔어요.
황소 아저씨는 갑자기 등이 가려어 긴 꼬리를 세차게 후려쳤어요. 달려가던 새앙쥐가 후려치는 꼬리에 뜅기어 그만 외양간 바닥에 동댕이쳐졌어요.

① 달비치 ➔
② 뚤린 ➔
③ 내미렀어요 ➔
④ 쪼그로 ➔
⑤ 가려어 ➔

93

❺

아버지께서 성은이에게 물으셨습니다.

"성은아, 반짝반짝 빗나는 별을 참 이쁘게 그렸구나. 그런데 해는 왜 그랬니?"

"아빠, 그것도 모르세요? 밤이니까 해가 숩 소게 내려와 잠을 자고 있는 거에요."

"아, 그렇구나!"

어머니께서도 궁금하신 듯 물으셨습니다.

"그런데 나무는 왜 누워 있지?"

"나무도 해와 함께 새근새근 잠을 자고 있어요."

① 빗나는 →

② 이쁘게 →

③ 숩 소게 →

④ 거에요 →

❻

"오늘 숙제는 우리 가족의 발 그리기예요. 얼른 이쪼그로 오세요."

내 말을 들은 체 만 체하며 동생 주영이는 온 집 안을 돌아다녔습니다.

"주영아, 발 내미러 봐."

먼저 주영이의 발을 그렸습니다. 한참을 뛰어다닌 주영이는 까만 맨발을 도화지에 올렸습니다. 주영이는 간지럽다며 웃었습니다. 주영이의 발에는 까만 떼가 끼어 있었습니다.

다음은 할머니의 발을 그릴 차레가 되었습니다.

① 이쪼그로 ➡
② 내미러 ➡
③ 떼가 ➡
④ 차레가 ➡

교과서 내용을 예쁘게 따라 쓰세요.

		"아	버	지	,	어	서	
	기	운	을		차	리	세	요."
	"어	린		너	를		어	
	찌		보	낸	단		말	이
	냐	?"						
	도	라	지	는		슬	퍼	하
는		아	버	지	께		걱	정

문장이 끝 칸에서 끝났을 때 문장 부호는 마지막 칸의 글과 함께 쓰던가, 칸 밖에 씁니다. 부호를 다음 줄의 첫 칸에는 절대로 쓰지 못합니다.

대화는 한 칸 들여서 쓰기 시작합니다.

대화가 끝나고 설명이 시작될 때에는 줄을 바꾸어 다음 줄의 첫 칸을 비우고 씁니다.

하	지		마	시	라	고		말	
씀	드	렸	어	요	.		그	리	고	V
산		너	머	에		있	는		
부	자	네		집	으	로		떠	
났	어	요	.						
	산		너	머		부	자	네	

'그리고' 다음의 칸은 띄어 씁니다. 그러나 원고지 쓰기에서 '그리고'가 끝 칸에서 끝났을 때 다음 줄의 첫 칸을 비우지 않고 채워서 씁니다.

이야기가 바뀌어 새로 시작할 때는 그 줄의 칸을 비우고 줄을 바꿔서 씁니다. 이때 첫 칸을 비우고 둘째 칸부터 쓰기 시작합니다.

10. 일기 쓰기

❶ 은비의 일기를 읽고, 물음에 답하여 보세요.

9월 1일 금요일	날씨 : 맑고 해가 쨍쨍

　아침에 일어나보니 벌써 8시였다. 어제 만화책을 읽느라고 늦게 자서 그랬나 보다.
　"어머니, 왜 안깨우셨어요?"
　어머니께서는 깨웠는데 내가 또 잤다고 하셨다. 그래서 허둥지둥 학교로 달려갔다. 그래도 지각이었다. 앞으로는 일찍 자고 일찍 일어나야겠다.

① 오늘 은비에게 무슨 일이 있었나요?
　늦잠을 자서 학교에 지각했다.

② 그 일에 대하여 은비는 어떤 생각을 하였나요?
　앞으로는 일찍 자고 일찍 일어나야겠다고 생각했다.

❷ 은비의 다른 일기를 읽고, 보기 에서 골라 알맞은 제목을 붙여 보세요.

보기

· 책 읽기 · 동생 돌보기 · 동생 보기가 힘들다
· 미운 동생 · 귀여운 동생 금비 · 동생에게 책을 읽어주다

9월 2일 토요일	날씨 : 매우 더움

제목 :

 학교에서 돌아오니 내 동생 금비가 책을 읽어 달라고 하였다. 하지만, 귀찮아서 읽어 주기 싫었다. 그랬더니 막 울려고 하였다. 그래서 어쩔 수 없이 읽어 주었다. 금비는 매우 재미있어 하였다. 오늘따라 동생이 귀여웠다.

❸ 그림을 보고, 민지가 일기를 쓰는 과정을 살펴보세요.

❹ 민지가 쓴 일기를 읽어 보세요. 제목과 내용을 살펴보고, 물음에 답하여 보세요.

9월 3일 일요일	날씨 : 흐리고 빗방울이 떨어짐

제목 : 아버지는 요리사

 점심때 아버지께서 볶음밥을 해 주셨다. 빨간 당근, 푸른 완두콩, 노란 달걀이 들어가서 참 예뻤다. 맛은 고소하고 약간 매웠다. 어머니와 나는 맛있어서 두 그릇씩 먹었다. 하지만, 내가 좋아하는 햄이 들어가지 않아 좀 아쉬웠다. 그래도 아버지께서 해 주시는 볶음밥이 최고이다. 저녁때는 친구들과 재미있게 놀았다.

① 아버지께서 어떤 음식을 만들어 주셨나요?

🍈 볶음밥

② 민지는 일기의 제목을 왜 '아버지는 요리사'라고 붙였나요?

🍈 아버지가 볶음밥을 맛있게 하셨기 때문에

③ 일기의 내용 가운데 제목에 알맞지 않은 것은 무엇인가요? 왜 그렇게 생각하나요?

🍈 '저녁때는 친구들과 재미있게 놀았다.'가 아버지는 요리사라는 제목과 맞지 않기 때문에.

❺ 민지가 일기를 쓰기 위하여 오늘 겪은 일을 떠올리고 있습니다. 이 일에 알맞은 일기의 제목을 붙여보세요.

❹

제 목

학교 가는 길에 만난 영수

❺

제 목

엄마와 먹은 떡볶이

❻

제 목

엄마한테 야단맞았어요.

❻ 어제 있었던 일 가운데 기억에 남는 것을 한 가지만 써 보고, 제목을 붙여보세요.

기억에 남는 일 :

제목 : 축구 시합

철민이와 영수, 우식, 강만, 이용, 나 이렇게 여섯 명이 편을 갈라 축구 시합을 했다. 열심히 하였지만 우리가 졌다. 우식이가 한 골을 넣은 것이다. 재미있었다. 다음에 만나면 또 하기로 하였다.

❼ 제목에 알맞게 일기를 쓰려면 어떤 내용이 들어가야 할지 친구들과 이야기하여 보세요.

❽ 민지가 친구들과 재미있게 놀았던 일을 생각하며 쓴 일기입니다. 민지가 쓴 일기를 읽고, 부족한 점을 말하여 보세요.

| 9월 4일 월요일 | 날씨: 구름이 많고 시원함 |

제목: 꼬리잡기

우리는 꼬리잡기를 하였다. 선생님께서 여섯 명씩 모둠을 만들어 주셨다. 나는 은비와 같은 모둠이 되었다. 참 재미있었다.

❾ 민지가 겪은 일을 떠올려 봅시다. 민지가 격은 일이 잘 드러나게 자세히 써 보세요.

우리는 꼬리잡기를 하였다.
(언제 어떻게 했는지 쓰세요.)

어제 우리는 학교 운동장에서 꼬리잡기를 하였다. 선생님께서 여섯 명씩 모둠을 만들어 주셨다. 나는 은비와 모둠이 되었다.

참 재미있었다.
(왜 재미있었는지 쓰세요.)

우리는 꼬리를 잡히지 않으려고 이리 뛰고 저리 뛰고 하다 와르르 쓰러졌다. 쓰러지면서도 앞 사람을 잡는 것은 놓치지 않았다. 참 재미있었다.

❿ 재미있게 놀았던 일 가운데 하나를 떠올려 일기의 제목을 정하여 보세요.

⓫ 겪은 일이 잘 드러나게 일기를 쓰려고 합니다. 보기 와 같이 차례대로 물음에 답하면서 쓸 내용을 정리하여 보세요.

보기

제목 : 야외에서

① 언제 어디에서 있었던 일인가요?
　어제 가족과 함께 야외에 나갔다가.

② 누구와 함께 무엇을 하였나요?
　오빠와 물놀이를 하였다.

③ 무슨 일이 일어났나요?
　오빠가 나를 물속으로 밀어 넣었다.

④ 어떤 생각이나 느낌이 들었나요?
　오빠가 미운 생각이 들지만 기분이 좋았다.

제목 : 벌이 교실에 들어오다

① 언제 어디에서 있었던 일인가요?
　학교에서 수업시간에.

② 누구와 함께 하였나요?
　우리 반 어린이들 모두.

③ 무슨 일이 일어났나요?
　벌이 교실에 들어와서 한바탕 소동이 벌어졌다.

④ 어떤 생각이나 느낌이 들었나요?
　벌이 나를 쏠까봐 무서웠지만 친구들과 함께 있어서 재미도 있었다.

⓬ 앞에서 정리한 내용을 바탕으로 하여, 내가 겪은 일과 느낌이 잘 드러나게 일기를 써 보세요.

(9)월 (15)일 (수)요일 날씨 : (맑음)

제목 : 벌이 교실에 들어오다

갑자기 창문 쪽에 있는 어린이들이 떠들기 시작했다. 처음에는 이유를 몰랐는데, 어린이들의 놀라는 소리가 들렸다. 벌이 교실 안에 들어와 윙윙거리며 날아다니는 것이다.

우리는 모두 놀라고 무서워서 소리를 질렀다. 선생님이 창문을 열고 벌을 내 보낸 뒤에야 자리에 앉았다.

갑자기 생긴 일에 우리 모두는 놀라고 무서웠었다. 아마 벌 한 마리가 길을 잃고 교실 안으로 들어왔었나 보다.

겪은 일이 잘 드러나게 자세히 써 보아요.

그때 어떤 느낌이 들었는지, 어떤 생각을 하였는지 솔직하게 나타내어 보아요.

⑬ 일기를 읽고, 물음에 답하여 보세요.

| 9월 5일 화요일 | 날씨 : 바람 불고 시원함 |

제목 :

　아침에 일어나니 머리가 아프고 열도 났다. 어제 찬물로 목욕을 해서 감기에 걸렸나보다. 학교에도 못 가고 어머니와 병원에 갔다. 아픈 주사를 맞고 쓴 약까지 먹어야했다. 어제 형과 다투었다. 다음부터는 아프지 말아야지.

① 일기 내용에 알맞은 제목을 붙여 보세요.
　아파서 학교에 못 갔다.

② 제목에 알맞지 않은 내용은 무엇인가요?
　어제 형과 다투었다.

교과서 내용을 예쁘게 따라 쓰세요.

　아버지는 요리사

　　9월 3일 흐림

여기서는 원고지의 칸이 적어서 요일은 뺏습니다.

　점심 때 아버지께
서 볶음밥을 해
주셨다. 빨간 당근,
푸른 완두콩, 노란
달걀이 들어가서

'노란' 다음에 한 칸 띄어 쓰지만 첫 칸이므로 띄지 않고 그냥 씁니다.

참　　예뻤다.　맛은

고소하고　약간　매

웠다.　어머니와　나

는　맛있어서　두

그릇씩　먹었다.　하

지만,　내가　좋아하

> 부호도 글자와 마찬가지로 한 칸을 씁니다.

11. 중요한 내용 찾기

1. 중요한 내용을 생각하며 글을 읽어 보세요.

자연은 발명왕

 유리창에 붙어 있는 인형을 본 적이 있나요? 그것을 붙일 때에 사용하는 물건은 문어의 빨판을 본떠 만들었습니다. 문어는 빨판을 이용하여 어디에나 잘 달라붙습니다. 우리가 흔히 쓰는 칫솔걸이도 이것을 본떠 만든 물건입니다.

문어의 빨판 　　　　　칫솔걸이와 인형걸이

낙하산은 민들레씨를 본떠 만들었습니다. 민들레씨의 가는 실 끝에는 털이 여러 개 달려 있습니다. 이 털이 있어서 민들레씨는 둥둥 떠서 멀리까지 날아갈 수 있습니다. 또, 천천히 땅에 떨어지게 됩니다. 낙하산을 이용하면 비행기에서 안전하게 땅으로 내려올 수 있습니다.

낙하산과 민들레씨

숲 속을 걷다보면 옷에 열매가 붙어 있는 경우가 있습니다. 도꼬마리 열매에는 갈고리 모양의 가시가 많이 있습니다. 그래서 새나 짐승의 털에 잘 붙습니다. 이것을 보고 단추나 끈보다 더 쉽게 붙였다 떼었다 할 수 있는 물건을 만들었습니다.

도꼬마리 열매

🐟 〈자연은 발명왕〉을 다시 한 번 읽고, 서로 관계되는 것끼리 선으로 연결 하세요.

❶ 유리창에 인형을 붙일 때에 사용하는 물건은 무엇을 본떠 만들었나요?

❷ 낙하산은 무엇을 보고 만들었나요?

❸ 도꼬마리 열매가 새나 짐승의 털에 잘 붙는 까닭은 무엇인가요?

- 민들레씨
- 갈고리 모양의 가시가 많이 있으므로
- 문어의 빨판

2. 새로 알게 된 점을 생각하며 〈이런 인사, 저런 인사〉를 읽어 봅시다.

이런 인사, 저런 인사

우리는 날마다 인사를 나눕니다. 인사에는 그 나라 사람들의 마음이 담겨 있습니다. 그런데 나라마다 인사하는 법이 다릅니다.

우리나라 사람들은 허리를 굽혀 인사합니다. 상대방과 조금 떨어져서 바른 자세로 인사합니다.

서로 인사말도 주고받습니다.

멕시코 사람들은 서로 껴안으며 인사합니다. 상대방에게 가까이 다가가서 서로를 힘껏 껴안습니다. 그러고는 큰 소리로 반가움을 나타냅니다.

 사우디아라비아 사람들은 뺨을 대며 인사합니다. 상대방에게 가까이 다가가서 서로의 뺨을 가볍게 댑니다. 그러면서 서로의 어깨를 두드리며 반가움을 나타냅니다.

🐟 〈이런 인사, 저런 인사〉를 읽고, 중요한 내용을 알아보세요.

① 인사에는 무엇이 담겨 있나요?
그 나라 사람들의 마음.

② 어떤 나라의 인사를 소개하고 있나요?
우리나라, 멕시코, 사우디아라비아

③ 우리나라 사람들은 어떻게 인사하나요?
허리를 굽혀 인사합니다.

🐟 〈이런 인사, 저런 인사〉를 읽고, 글의 중요한 내용을 간추리는 방법을 알아보세요.

```
                    이런 인사, 저런 인사
        ┌──────────────────┼──────────────────┐
      우리나라              멕시코          사우디아라비아
   허리를 굽혀         서로 껴안으며        뺨을 대며 인
   인사 합니다.        인사합니다.          사 합니다.
```

글의 내용을 간추리려면 무엇에 대하여 쓴 글인지 생각하며 읽어야 해요.

중요한 내용이 무엇인지 찾아보아요.

3. 글을 읽고 중요한 내용을 간추려 보세요.

재미있는 놀이

옛날 어린이들이 즐기던 놀이에는 꼬리잡기, 그림자밟기, 비사치기 등이 있습니다. 꼬리잡기, 그림자밟기, 비사치기는 어떻게 하는 놀이인지 알아봅시다.

꼬리잡기는 같은 줄의 맨 앞의 사람이 맨 뒤의 사람을 잡는 놀이입니다. 놀이를 하려면 먼저 여러 사람이 한 줄로 늘어섭니다. 그리고 뒷사람은 앞사람의 허리를 잡고 몸을 굽힙니다. 맨 앞의 사람이 술래가 되어 맨 뒤의 사람을 잡습니다.

그림자밟기는 다른 사람의 그림자를 밟는 놀이입니다. 먼저, 가위바위보를 하여 술래를 정합니다. 술래가 다른 사람의 그림자를 밟으면 놀이에서 이깁니다. 술래에게 그림자를 밟힌 사람은 다음 술래가 됩니다.

비사치기는 상대편의 돌을 쓰러뜨리는 놀이입니다. 먼저, 손바닥만 한 납작 돌을 한 개씩 준비합니다. 그리고 가위바위보로 편을 나눕니다. 가위바위보에서 진 편은 자기의 돌을 한 줄로 세워 놓고 이긴 편이 먼저 멀리서 돌을 던지거나 발로 돌을 차서 진 편의 돌을 맞혀 넘어뜨립니다. 상대편의 돌을 모두 넘어뜨린 편이 놀이에서 이깁니다.

🐟 〈재미있는 놀이〉를 읽고, 물음에 답하여 보세요.

① 옛날 어린이들이 즐기던 놀이에는 어떤 것이 있나요?
   꼬리잡기, 그림자밟기, 비사치기

② 상대편의 돌을 쓰러뜨리는 놀이를 무엇이라고 하요?
   비사치기.

🐟 〈재미있는 놀이〉를 다시 읽고, 중요한 내용을 찾아 간추려 보세요

```
            재미있는 놀이
    ┌───────────┼───────────┐
  꼬리잡기     그림자밟기     비사치기
```

꼬리잡기	그림자밟기	비사치기
같은 줄의 맨 앞의 사람이 맨 뒤의 사람을 잡는 놀이입니다.	다른 사람의 그림자를 밟는 놀이입니다.	상대방의 돌을 쓰러뜨리는 놀이입니다.

중요한 내용 찾기

  글은 낱말이 모여 문장을 이루고 문장이 모여 다시 문단(글덩이)를 이룹니다. 그리고 이 문단(글덩이)에는 중요한 내용이 있는 문장이 있고, 중요한 내용을 뒷받침하는 문장이 있습니다.

  그리고 '중심 문장'이 맨 앞에 오고 그 다음에 '뒷받침 문장'이 따라 옵니다. 다음 내용에서 초록색 글로 된 것이 중심 문장이며, 뒤에 온 문장 전체가 뒷받침 문장입니다.

우리는 날마다 인사를 나눕니다. 인사에는 그 나라 사람들의 마음이 담겨 있습니다. 그런데 나라마다 인사하는 법이 다릅니다.   **1문단**

우리나라 사람들은 허리를 굽혀 인사합니다. 상대방과 조금 떨어져서 바른 자세로 인사합니다. 서로 인사말도 주고받습니다.   **2문단**

멕시코 사람들은 서로 껴안으며 인사합니다. 상대방에게 가까이 다가가서 서로를 힘껏 껴안습니다. 그리고는 큰 소리로 반가움을 나타냅니다.   **3문단**

> 이와 같이 중요한 내용이 있는 문장(중심 문장)은 문단(글덩이)의 처음에 오므로 이를 주의하여 보면 큰 도움이 됩니다.

1. 대강의 내용을 생각하며 다음 글을 읽어보세요.

🐟 다음은 혜주가 쓴 일기입니다. 혜주에게 어떤 일이 일어났는지 생각하며 〈바둑이 걱정〉을 읽어보세요.

바둑이 걱정

○○월 ○○일 ○요일   날씨 : 흐림

친구들과 놀이터에서 신나게 놀고 집으로 돌아왔다. 그런데 바둑이가 보이지 않았다. 마당 구석구석을 살펴보아도 바둑이는 없었다.

"바둑아, 어디에 있니? 바둑아!"

날이 어둑어둑해지니 바둑이를 못 찾을까 봐 마음이 자꾸만 조마조마하였다.

"바둑아, 바둑아!"

나는 큰 소리로 불러 보았다.

'도대체 어디에 간 거니? 내가 이렇게 걱정하고 있는데….'

자꾸만 눈물이 흘러 내렸다. 여기저기 돌아다니다 힘없이 집으로 돌아가려는데, 어디에선가 바둑이가 달려와 내 품에 쏙 안

졌다.

"어디에 갔다 왔어? 얼마나 찾았는데…."

나는 바둑이를 끌어안았다.

❶ '바둑이 걱정'을 읽고, 다음 그림을 일이 일어난 순서대로 번호를 써 보세요.

(2)

(3)

(1)

❷ 그림을 보면서 일이 일어난 순서대로 이야기를 써 보세요.

① 바둑이를 찾으러 다닌다.

② 바둑이가 보이지 않자 눈물이 난다.

③ 바둑이가 나타나 반가웠다.

2. 어떤 일이 있었는지 〈이모의 결혼식〉을 읽어보세요.

이모의 결혼식

선현경

"따르릉, 따르릉."
"여보세요, 네? 정말요? 그럼요. 물론이죠!"

뭐가 물론이냐고요? 이모께서 결혼을 하시는데, 저보고 들러리를 서 주지 않겠느냐고 물어보시잖아요. 들러리는 결혼식 때 꽃을 뿌리는 사람이래요. 그것도 드레스를 입고 말이에요.

이모께서는 그리스의 한 작은 마을에서 결혼식을 올린다고 하셨어요. 비행기를 타고 가는 동안, 그곳에 가면 어떤 일이 일어날까 무척 궁금하였어요. 비행기에서 내린 뒤, 버스를 타고 마을에 도착하였어요.

이모부의 첫인상은 낯설기만 하고 별로 마음에 들지 않았어요. 그리고 우리말을 모르셔서 이야기를 나눌 수가 없었어요. 저는 이모께만 인사를 하고 얼른 엄마, 아빠 뒤로 숨었어요. 하지만, 이모와 이모부께서는 우리를 보고 눈물을 흘리셨어요. 아주 기뻐서 눈물이 난다고 하셨어요. 웃으면서 눈물을 흘리시다니 어른들은 참 이상해요. 저도 어른이 되면 그렇게 될까요?

결혼식이 끝나고 우리는 바닷가 옆 식당으로 갔어요. 바닷가 옆에 돗자리를 깔고 할머니와 할아버지께 절을 해야 한 대요. 이모와 이모부께서 한복으로 갈아입고 바닷가에 나타나셨어요. 한복을 입으신 이모부의 모습이 이상하였지만, 왠지 멋져 보여서 점점 마음에 들기 시작하였어요.

저는 그리스 음식을 먹고 이모부와 춤을 추었어요. 말은 통하지 않지만 낯선 이모부께서 우리 가족이 된 것이 참 기뻤어요.

우리는 다시 서울로 돌아왔어요. 집으로 돌아오니 이모가 무척 보고 싶어졌어요.

그러던 어느 날, 초인종 소리에 나가 보니, 이모와 이모부께서 우리 집에 오신 거예요. 다시는 못 만날 줄 알았는데…. 기뻐서 눈물이 나려고 하였어요. 저는 얼른 달려가 이모부 품에 꼭 안겼답니다.

❶ '이모의 결혼식'을 읽고, 다음 그림을 일이 일어난 순서대로 번호를 써 보세요.

(3)　　　　　　　(1)　　　　　　　(2)

❷ 그림을 보면서 일이 일어난 순서대로 대강의 이야기를 써 보세요.

① 이모의 결혼식에 들러리를 서기 위해 그리스에 갔다. 이모부의 첫인상은 낯설었다.

② 한복을 입으신 이모부가 멋져 보였다. 점점 마음에 들었다.

③ 어느 날, 이모와 이모부가 우리 집에 왔다. 달려가 품에 안겼다.

❸ '이모의 결혼식'에 대한 대강의 내용을 말하여 보세요.

　이모의 결혼식에 들러리를 서기 위해 그리스에 갔을 때 이모부의 첫인상은 낯설었다. 결혼식을 마치고 한복을 입은 이모부의 모습은 멋져 보였고 점점 마음에 들었다. 어느 날, 이모와 이모부가 우리 집에 왔다. 나는 달려가 품에 안겼다.

교과서 내용을 예쁘게 따라 쓰세요.

	친	구	들 과		놀	이	터
에 서			재	미	있	게		놀
고		집	으	로		돌	아	왔
다 .		그	런	데		바	둑	이
가		보	이	지		않	았	다 .
마	당		구	석	구	석	을
살	펴	보	아	도		바	둑	이

끝 칸에서 글이 끝났을 때는 온점(문장 부호)을 함께 써도 되고 원고지 밖에 써도 됩니다.

눈 없었다.

　"바둑아, 어디에 있니? 바둑아!"

　날이 어둑어둑해지니 바둑이를 못 찾을까 봐 마음이

> 설명이 끝나고 대화가 시작될 때에는 줄을 바꿔서, 한 칸을 들여쓰기 시작합니다.

12. 주장하는 글 쓰기

1. 내 생각에 알맞은 내용을 찾아보세요.

❶ 지현이가 어머니께 편지를 썼습니다. 지현이가 하고 싶은 말이 무엇인지 생각하며 편지를 읽어보세요.

> 어머니께
>
> 　어머니께 드릴 말씀이 있어요.
>
> 　어머니. 저는 김치가 싫어요. 어머니께서는 김치를 꼭 먹어야 한다고 하셨죠. 그러나 저는 김치가 너무 매워서 먹고 싶지가 않아요. 냄새도 많이 나요. 그리고 김치에는 영양분이 아주 많대요. 아버지는 김치를 좋아하세요. 저는 김치가 싫어요.
>
> 　　　　　　　　　　　　　　　　지현올림

❷ 지현이의 편지를 읽고, 물음에 답하여 보세요.

① 지현이는 어머니께 무엇에 대하여 말하고 있나요?

🍈 김치가 싫어요.

② 어머니께서는 지현이의 편지를 잘 이해하셨을까요? 잘 이해하지 못하셨다면 그 까닭은 무엇일까요?

🍈 김치가 싫은 점, 영양분이 많다는 점, 아버지가 좋아하신다는 점을 이야기하여서, 지현이가 말하고 하는 것이 어떤 내용인지 분명히 알 수가 없다.

❸ 지현이가 말하려고 한 내용과 관계없는 것을 찾아보세요.

🍈 김치는 영양분이 많대요.

🍈 아버지는 김치를 좋아하세요.

❹ 내가 지현이라면 어떻게 편지를 쓸 것인지 친구들과 이야기하여 보세요.

어머니. 저는 김치가 싫어요. 어머니께서는 김치를 꼭 먹어야 한다고 하시지만 저는 김치가 너무 매워서 먹고 싶지가 않아요. 또 냄새도 많이 나서 싫어요. 김치는 안 먹었으면 좋겠어요.

2. 양들이 길을 가다가 장난감을 두고 다투는 형과 동생을 보고 어떤 말을 하였는지 살펴보세요.

위에서 엉뚱한 내용을 말하는 양을 찾아 색칠하여 보세요.

3. 놀이터에는 밤늦게까지 놀고 있는 친구들이 있습니다. 그 친구들에게 해 주려는 말 가운데 알맞지 않은 내용이 있는 기구를 찾아보세요.

밤늦게까지 집에 가지 않으면 부모님께서 걱정을 하세요.

밤늦게까지 혼자 있으면 위험할 수 있어요.

나는 숙제가 참 싫어요.

밤늦게까지 놀면 숙제를 못할 수도 있어요.

내가 다쳤을 때 부모님께서 걱정하셨어요.

어떻게 하면 내 생각에 일맞은 내용을 찾을 수 있을까요?

내 생각과 잘 어울리는 내용이 무엇인지 살펴보아요.

4. 양들이 도서관 앞에서 질서를 지키지 않는 친구들을 만났습니다. 양들의 이야기에 알맞은 내용을 써 보세요.

질서를 지켜야 해.

질서는 서로에게 편한 거야.

질서를 지키면 빨리 입장할 수 있어.

질서를 지키지 않으면 다칠 수도 있어.

5. 앞의 그림을 보고, 보기 와 같이 내 생각에 알맞은 내용을 정리하여 보세요.

보기

내 생각 : 수업 시간에는 조용히 해야 해요.

내용 1
수업 시간에 떠들면 공부하는 다른 친구들에게 방해가 돼요.

내용 2
수업 시간에 떠들면 선생님 말씀을 잘 들을 수가 없어요.

내 생각 : 꽃밭에 들어가서 놀지 마세요.

내용 1
꽃밭은 우리 주위를 아름답게 하기 위해 만들어 놓은 곳입니다. 꽃밭이 망가져요.

내용 2
공공장소는 우리 모두가 즐기는 곳입니다. 그런 곳에 들어가 놀면 우리 모두에게 해가 되요.

6. 자신의 경험을 떠올려 주잘할 내용을 정리하여 보세요.

무엇에 대해 쓰고 싶은가요?

물을 아껴 써요.

내 생각은 무엇인가요?

물을 우리에게 소중한 것이예요.
그러므로 물을 아껴 써야 해요.

내 생각을 뒷받침하는 내용에는 어떤 것이 있나요?

물은 우리가 살아가는 데에 없어서는 않 되는 것입니다. 그런 물을 낭비하면 우리는 물이 부족해 질 것입니다. 그러므로 우리 모두는 물을 아껴 써야 합니다.

7. 앞에서 정리한 내용을 바탕으로 하여, 내 생각을 전하는 글을 써 보세요.

> 누구에게 쓸 것인지 생각해야지.

> 알맞은 제목을 붙이는 것이 좋겠어.

<u>내가 어지럽힌 것은 내가 치우자</u>

<u>교실이나 거리에 쓰레기가 버려져 있어 더러운 것을 자주 봅니다. 그리고 이 쓰레기는 누군가가 치우게 됩니다. 처음부터 쓰레기를 함부로 버리지 않거나 버린 사람이 치운다면 우리 주위는 깨끗해 질 수 있을 겁니다. 그러므로 쓰레기를 마구 버리지 않도록 하고, 버린다면 그 사람이 그 쓰레기를 치우도록 합시다.</u>

> 내 생각에 알맞은 내용을 자세히 써야지.

> 쓴 글을 읽어 보고, 고칠 점도 생각해 보아야지.

8. 다음 생각에 알맞은 내용을 써 보세요.

❶ 생각 우리는 친구에게 고운 말을 사용하여야 합니다.

생각에 알맞은 내용

친구들로부터 나쁜 말을 들으면 기분이 나빠집니다. 그러므로 우리는 고운 말을 쓰도록 노력합시다.

❷ 생각 교실이나 운동장에 휴지를 버리면 안됩니다.

생각에 알맞은 내용

교실이나 운동장에 휴지를 버리면 누군가가 치워야 합니다. 그렇지 않으면 교실과 운동장은 쓰레기장처럼 더러워질 것입니다. 그러므로 교실이나 운동장에 휴지를 버리지 맙시다.

❸ 생각 학용품에 이름을 씁시다.

생각에 알맞은 내용

요즘에 학용품은 잃어버리고도 찾아가는 사람이 없습니다. 또 그 학용품은 찾아주려고 해도 누구의 것인지 알 수가 없어서 찾아 주지 못합니다. 그러므로 학용품에 이름을 써서 잃어버린 물건이 주인에게 돌아가도록 하게 합시다.

띄어 쓰기

1. 파란색 글에서 띄어쓰기가 맞은 것에 ○표 하세요.

❶ 산 너머에 있는 부자네 집으로 떠났어요. ( )
　산너머에 있는 부자네 집으로 떠났어요. ( )

❷ 도라지는 어머니무덤을 찾아갔어요. ( )
　도라지는 어머니 무덤을 찾아갔어요. ( )

❸ 어머니! 제가왔어요. ( )
　어머니! 제가 왔어요. ( )

❹ 도라지는구슬 같은 눈물을 흘렸어요. ( )
　도라지는 구슬 같은 눈물을 흘렸어요. ( )

❺ 몹시 지친 도라지는 그만 잠들고 말았습니다. ( )
　몹시지친 도라지는 그만 잠들고 말았습니다. ( )

❻ 그 뒤, 무덤 앞에는 하얀 꽃 한송이가 피어났습니다. (   )
　그 뒤, 무덤 앞에는 하얀 꽃 한 송이가 피어났습니다. (   )

❼ 사람들은도라지가 피어난 꽃이라 하였습니다. (   )
　사람들은 도라지가 피어난 꽃이라 하였습니다. (   )

❽ 농부가 밭에서 무를뽑고 있었습니다. (   )
　농부가 밭에서 무를 뽑고 있었습니다. (   )

❾ 농부는 그것을고을 사또에게 바치기로 하였습니다. (   )
　농부는 그것을 고을 사또에게 바치기로 하였습니다. (   )

❿ 이방은 송아지 한 마리를농부에게 주었습니다. (   )
　이방은 송아지 한 마리를 농부에게 주었습니다. (   )

⓫ 국밥집은장사가 아주 잘 되었어요. (   )
　국밥집은 장사가 아주 잘 되었어요. (   )

해 답

p. 10~11p

② 사람드른 ③ 방버블 ④ 계회글 ⑤ 위허미
⑥ 이러케 ⑦ 안코 ⑧ 처으므로 ⑨ 고마우믈
⑩ 기어카기 ⑪ 거슬 ⑫ 되엇씀니다 ⑬ 동무리

p. 16

① 우리 힘을 합칠까 ?
② 아이코, 아이코 !
③ 호랑이가 덤벼들려고 하였어요 .
④ 만복아 , 움직이지 마 !
⑤ 예진아 , 지우개 있니 ?
⑥ 토끼 지우개는 없어요 .

p. 90~95p

❶ ① 기운을 ② 너머에 ③ 떠났어요 ❷ ① 제가 ② 엎드려 ③ 같은 ④ 몹시 ⑤ 앞에는 ❸ ① 희고 ② 뽑혀 ③ 굵고 ④ 이렇게 ❹ ① 달빛이 ② 뚫린 ③ 내밀었어요 ④ 쪽으로 ⑤ 가려워 ❺ ① 빛나는 ② 예쁘게 ③ 숲 속에 ④ 거예요 ❻ ① 이쪽으로 ② 내밀어 ③ 때가 ④ 차례

p. 141~142p

❶ 산 너머에 있는 부자네 집으로 떠났어요. (○)

❷ 도라지는 어머니 무덤을 찾아갔어요. (○)

❸ 어머니! 제가 왔어요. (○)

❹ 도라지는 구슬 같은 눈물을 흘렸어요. (○)

❺ 몹시 지친 도라지는 그만 잠들고 말았습니다. (○)

❻ 그 뒤, 무덤 앞에는 하얀 꽃 한 송이가 피어났습니다. (○)

❼ 사람들은 도라지가 피어난 꽃이라 하였습니다. (○)

❽ 농부가 밭에서 무를 뽑고 있었습니다. (○)

❾ 농부는 그것을 고을 사또에게 바치기로 하였습니다. (○)

❿ 이방은 송아지 한 마리를 농부에게 주었습니다. (○)

⓫ 국밥집은 장사가 아주 잘 되었어요. (○)

143

새 국어 교과서에 따른
신나는 글쓰기

초판 1쇄 발행 2010년 10월 15일

글 임융웅

펴낸이 서영희 | **펴낸곳** 와이 앤 엠

편집 임명아

본문 그림 이규진

본문 인쇄 명성 인쇄 | **제책** 정화 제책

제작 이윤식 | **마케팅** 강성태

주소 120-100 서울시 서대문구 홍은동 376-28

전화 (02)308-3891 | Fax (02)308-3892

E-mail yam3891@naver.com

등록 2007년 8월 29일 제312-2007-000040호

ISBN 978-89-93557-25-1   63710

본사는 출판물 윤리강령을 준수합니다.